Une origine controversée

L'origine du terme « spéculoos » fait débat : il proviendrait du latin « species » (épices), ou bien de « speculator » (observateur, surveillant), terme qualifiant les évêques et renvoyant au saint Nicolas de Myre, patron des enfants. Depuis le Moyen Âge, ces biscuits sont offerts aux enfants d'Europe du Nord lors de la Saint-Nicolas (le 6 décembre). Ils ont la forme d'un saint (saint Nicolas de Myre), d'une fleur ou d'un âne (la monture de saint Nicolas). Lorsque le spéculoos se répand à toute l'Europe, son allure se vulgarise et on le retrouve plus simplement sous forme de petit biscuit rectangulaire : ses saveurs originales suffisent à déterminer son identité.

À la recherche des saveurs idéales

La quête de la recette parfaite nécessite de concilier de nombreux aspects : un sablé unique, croquant à souhait, cassant mais pas sec, justement sucré et subtilement parfumé. Entre la note caramélisée de la vergeoise brune et le mélange d'épices bien trouvé – cannelle bien sûr, mais aussi clou de girofle, anis, muscade, gingembre –, le mariage est délicat. Cette finesse et cette richesse en font un mythe. Aujourd'hui, ce biscuit est exalté dans des recettes qui, elles aussi, deviennent mythiques : elles ne peuvent plus se passer de cette saveur singulière, au cœur de leur identité gustative et ancrée comme une véritable référence dans la culture culinaire.

JOSÉ MARÉCHAL
PHOTOGRAPHIES D'AKIKO IDA

PETITS PLATS ET DESSERTS AUX

Spéculoos

ET LA FABRICATION MAISON DU FAMEUX BISCUIT BELGE

LES PETITS PLATS
MARABOUT
ORIGINAUX & AUTHENTIQUES
DEPUIS L'AN 2000

Cahier pratique

Basiques salés et sucrés

Petits plats en famille

Recettes bistrot

Recettes sucrées

spéculoos maison

MÉLANGE D'ÉPICES SPÉCIAL SPECULOOS
(à mixer finement ensemble puis tamiser)

2 cuillères à soupe de cannelle en poudre
1 cuillère à café rase de noix de muscade
1 cuillère à café rase de gingembre en poudre
1 cuillère à café rase de clou de girofle
½ cuillère à café rase de poivre blanc
½ cuillère à café rase de cardamome
½ cuillère à café rase d'anis en poudre
ou 2 étoiles de badiane

On trouve également en épicerie fine ou sur Internet des mélanges d'épices à spéculoos.

Vous pouvez réaliser le mélange d'épices à l'avance et le conserver dans une boîte hermétique à l'abri de l'humidité, de la chaleur et de la lumière pendant quelques semaines.

LA PÂTE

POUR 40 À 60 PIÈCES - PRÉPARATION : 10 MINUTES
REPOS : 2 HEURES

500 g de farine, 180 g de beurre (le sortir 1 heure avant), 300 g de vergeoise, 1œuf, 1 cuillère à café de levure chimique ou de bicarbonate de soude, 5 g de sel, 5 cl environ de lait ou d'eau, 2 cuillères à soupe du mélange d'épices

Mélanger dans un saladier, ou au robot muni du crochet à pétrir, la farine, la vergeoise, les épices en poudre, la levure et le sel. Verser au centre l'œuf et le beurre en petits morceaux. Mélanger doucement puis incorporer, petit à petit, le lait afin d'obtenir une boule de pâte. Pétrir sans trop insister. Envelopper la boule de film alimentaire et la placer au réfrigérateur 2 heures au moins (pour retirer son élasticité et la raffermir).

LES SPÉCULOOS

PRÉPARATION : 20 À 30 MINUTES - CUISSON : 15 MINUTES

Sortir la pâte du réfrigérateur 1 heure avant. Préchauffer le four à 170 °C. Fariner le plan de travail et la pâte. L'étaler sur une épaisseur de 4 mm environ, puis former les biscuits : les tailler à l'aide d'un emporte-pièce, couper des petits rectangles avec un couteau, ou bien mouler la pâte dans des moules spéciaux. Disposer soigneusement les spéculoos sur une plaque à pâtisserie recouverte de papier sulfurisé. Enfourner 12 à 15 minutes selon la taille et l'épaisseur des biscuits.
La vraie couleur spéculoos : en fonction du four, surveiller la cuisson. Le biscuit ne doit pas trop colorer, il doit garder sa teinte dorée. S'il commençait à trop foncer, baisser la température pour la fin de la cuisson.

LES MOULES EN BOIS TRADITIONNELS

Les biscuits traditionnels sont moulés dans des formes en bois. Pour faciliter le démoulage, il est nécessaire d'huiler le moule avec une huile végétale neutre avant la première utilisation, puis de bien le fariner avant d'y mettre la pâte. Attention, les moules en bois ne servent pas à la cuisson ; il s'agit d'y mouler les biscuits avant cuisson, puis de les démouler sur une plaque à pâtisserie.
Dérouler la pâte sur le moule, en insistant légèrement pour imprégner le relief du sujet. Retirer l'excédent de pâte à l'aide d'un grand couteau.
Pour faire tomber le biscuit sans le déformer, frapper le moule à la verticale sur le plan de travail, puis ramener sans attendre le moule à l'horizontale sur la plaque de cuisson. Si toutefois le sujet ne tombe pas, l'aider en contournant les bords avec la pointe d'un couteau et retourner délicatement le moule sur la plaque de cuisson.

le spéculoos décliné

POUDRE DE SPÉCULOOS

BASE DE TOUTES LES RECETTES

Mixer les spéculoos au robot coupe. Vous pouvez aussi, plus simplement, remplir un sac plastique et, à l'aide d'un rouleau à pâtisserie, réduire les spéculoos en miettes ou en poudre plus pour la réalisation de nombreuses recettes sucrées/salées). **Petite astuce :** si vous avez un paquet de biscuit entamé, c'est l'occasion d'écouler ces biscuits ramollis en fabricant votre réserve de poudre. Elle vous servira pour toutes vos recettes.

CHAPELURE

POUR LES CROÛTES DE SPÉCULOOS OU POUR PANER

300 g de poudre de spéculoos, 200 g de chapelure de pain

Mixer ensemble la poudre de spéculoos et la chapelure et utilisez cette chapelure parfumée pour paner vos viandes blanches, escalopes de volaille, chaussons, croquettes… Vous pouvez inverser ou modifier les quantités selon les recettes et l'intensité de goût désirée.

PÂTE À TARTINER AU SPÉCULOOS

POUR FOURRER LES GÂTEAUX OU À LA PETITE CUILLÈRE

400 g de lait concentré sucré, 140 g de beurre, le jus de ½ citron, 300 g de poudre de spéculoos, 2 cuillères à soupe d'huile, 1½ feuille de gélatine

Faire ramollir la gélatine dans de l'eau froide. Faire fondre le beurre coupé en petits morceaux avec l'huile au micro-ondes. Mixer au robot la poudre de spéculoos avec le lait concentré puis ajouter le mélange huile/beurre, en filet, tout en continuant de mixer. Égoutter la gélatine et la faire fondre sur feu doux avec le jus de citron. Ajouter à la préparation et continuer de mixer jusqu'à ce que la pâte soit bien lisse. Débarrasser, mettre en pot et réserver au réfrigérateur. Pour la consommer ou la cuisiner, penser à la sortir un peu à l'avance, car elle durcit beaucoup au réfrigérateur.

BEURRE DE SPÉCULOOS

BEURRE AROMATISÉ À LA BASE DE RECETTES SALÉES OU SUCRÉES

125 g de beurre, 75 g de spéculoos en morceaux, 1 cuillère à soupe de jus de citron

Sortir le beurre du réfrigérateur 2 heures avant la préparation. à l'aide d'une spatule, mélanger dans un saladier, le beurre en pommade avec les spéculoos et le jus de citron. Rouler le beurre en forme de boudin dans du film alimentaire. Nouer les extrémités et mettre au réfrigérateur au moins 1 heure 30 minutes. À tartiner sans modération sur du pain grillé ou à faire fondre sur un pancake ou une gaufre.

COULIS DE SPÉCULOOS

BASE DE SAUCE OU SIMPLE COULIS AROMATIQUE (GLACE, DESSERTS…)

750 g d'eau, 3 sachets de thé, 200 g de poudre de spéculoos, 3 pincées de mélange d'épices , 125 g de vergeoise , 1 zeste d orange et 1 zeste de citron

Dans une casserole, porter l'eau, la vergeoise, les zestes et les épices à ébullition. Hors du feu, faire infuser les sachets de thé dans le sirop pendant 5 à 6 minutes environ. Filtrer le sirop de thé sur les spéculoos. Mixer l'ensemble pour obtenir le coulis. Laisser refroidir à température ambiante, puis réserver au réfrigérateur. Avant utilisation, tiédir légèrement le coulis pour lui redonner son onctuosité et sa brillance.

POUR 8 PETITS CHEESE-CAKES - PRÉPARATION : 30 MINUTES - CUISSON : 35 À 40 MINUTES - REPOS 1 HEURE MINIMUM

les basiques cheese-cakes

VERSION SUCRÉE

LE FOND SPÉCULOOS

220 g de poudre de spéculoos, 20 g de vergeoise,
70 g de beurre fondu (+ 30 g pour les cercles)

LA CRÈME

300 g de fromage blanc , 120 g de crème épaisse, 280 g de mascarpone, 2 œufs , 1 jaune d'œuf , ½ citron (le jus et le zeste), 100 g de sucre, 25 g de maïzena, 8 cercles en inox (10 cm de diamètre)

ACCOMPAGNEMENT

Coulis de spéculoos, coulis de fruits rouges, framboises fraîches...

VERSION SALÉE

LE FOND SPÉCULOOS

220 g de poudre de spéculoos, 45 g de parmesan en poudre, 50 g de beurre fondu (+ 30 g pour les cercles), 20 g de maïzena

LA CRÈME

280 g de fromage frais ail et fines herbes, 250 g de mascarpone (ou 150 g de mascarpone + 100 g de chèvre frais), 250 g de ricotta, 3 œufs, 1 jaune d'œuf , sel et poivre, 8 cercles en inox (10 cm de diamètre)

ACCOMPAGNEMENT

Saumon fumé, coulis de tomate, herbes fraîches...

LE FOND SPÉCULOOS

Mélanger dans un saladier les ingrédients pour les fonds. Disposer les cercles en inox sur une plaque ou un plat recouvert de papier sulfurisé pouvant aller au réfrigérateur. Tapisser l'intérieur des cercles d'une bande de papier sulfurisé beurrée, en la faisant dépasser de 2 cm environ. Répartir sur les fonds un peu de mélange en tassant avec le dos d'une cuillère afin d'obtenir une épaisseur uniforme d'environ 1 cm. Mettre au réfrigérateur pour durcir les fonds.

LA CRÈME

Dans un saladier, battre les fromages (et la crème dans le cas du cheese-cake sucré), puis ajouter les œufs et le jaune d'œuf. Ajouter les autres ingrédients en fonction de la recette (salée ou sucrée) et bien mélanger afin de lisser la préparation.

LA CUISSON

Préchauffer le four à 180 °C. Verser le mélange crèmeux jusqu'aux rebords des cercles, baisser le four à 160 °C et enfourner pendant 35 à 40 minutes. Vérifier la cuisson, le centre doit être ferme au toucher. Laisser refroidir à température ambiante quelques minutes avant de mettre les cheese-cakes au réfrigérateur pour 1 heure minimum.

LE SERVICE

Avec une spatule, déposer les cheese-cakes sur des assiettes. Retirer les cercles puis, délicatement, le papier sulfurisé.

crumbles

PÂTE À CRUMBLE SUCRÉE

PRÉPARATION : 10 MINUTES - CUISSON : 10 MINUTES
REPOS : 1 HEURE - POUR 8 À 10 PERSONNES

125 g de farine, 125 g de beurre, 50 g de poudre d'amandes, 80 g de poudre de spéculoos (voir page 6), 100 g de vergeoise, 1 jaune d'œuf, 1 pincée de sel

Du bout des doigts, mélanger le beurre mou, la farine, la poudre d'amandes, la vergeoise, le sel et le jaune d'œuf. Sabler la pâte sans la pétrir, puis incorporer la poudre de spéculoos. Réserver au réfrigérateur au moins 1 heure.

PÂTE À CRUMBLE SALÉE

PRÉPARATION : 10 MINUTES - CUISSON : 10 MINUTES
REPOS : 1 HEURE - POUR 8 À 10 PERSONNES

125 g de farine, 100 g de beurre, 50 g de parmesan (poudre ou copeaux), 30 g de chapelure, 70 g de poudre de spéculoos, 2 pincées de mélange d'épices (voir page 4), 2 pincées de sel

Du bout des doigts, mélanger le beurre mou, la farine, le parmesan, la chapelure, le sel, les épices et le jaune d'œuf. Sabler la pâte sans la pétrir puis incorporer la poudre de spéculoos. Réserver au réfrigérateur au moins 1 heure.

CRUMBLE À LA COURGETTE ET À LA VACHE QUI RIT

Saisir des courgettes en morceaux dans une poêle bien chaude avec un peu d'huile d'olive. Égoutter puis ajouter de la Vache qui rit. Assaisonner puis garnir des petits moules. Recouvrir de pâte à crumble et cuire au four à 180 °C 10 minutes environ.

CRUMBLE CAROTTES-PANAIS-CURRY

Précuire des morceaux de carottes et de panais à l'eau bouillante salée. Refroidir, égoutter et assaisonner de curry en poudre. Garnir des petits moules. Recouvrir de pâte à crumble et cuire au four à 180 °C pendant 10 minutes environ.

CRUMBLE AUX FIGUES CRÈME ÉPAISSE AU CITRON

Couper des figues en quartiers. Garnir des petits moules et ajouter un peu de cassonade ou de miel. Recouvrir de pâte à crumble et cuire au four à 180 °C pendant 10 minutes environ. Servir avec une crème épaisse, légèrement sucrée et parfumée aux zestes de citron.

CRUMBLE AUX ABRICOTS CRÈME ÉPAISSE AU GINGEMBRE CONFIT

Garnir des petits moules d'oreillons d'abricots. Ajouter un peu de cassonade ou de miel. Recouvrir de pâte à crumble et cuire au four à 180 °C 10 minutes environ. Servir avec une crème épaisse, légèrement sucrée et parfumée au gingembre confit.

tartelettes et tatins

PÂTE SALÉE AU SPÉCULOOS

PRÉPARATION : 15 MINUTES - REPOS : AU MOINS 3 HEURES
POUR 6 À 8 TARTELETTES

250 g de farine, 125 g de beurre, 80 g de poudre de spéculoos, 20 g de sucre, 5 g de sel, 1 œuf, 4 pincées de mélange d'épices (voir page 4)

Mettre le beurre mou dans le bol du robot et le malaxer à vitesse moyenne pour l'assouplir. Ajouter le sel, les épices, l'œuf, et pour finir, petit à petit, la farine et la poudre de spéculoos. Dès que la pâte forme une boule, cesser de pétrir. Envelopper la pâte de film alimentaire et la mettre au réfrigérateur au moins 3 heures.

PÂTE SUCRÉE AU SPÉCULOOS

PRÉPARATION : 15 MINUTES - REPOS : AU MOINS 3 HEURES
POUR 8 À 10 TARTELETTES

250 g de farine, 130 g de beurre, 40 g de poudre d'amandes, 100 g de poudre de spéculoos (voir page 6), 80 g de vergeoise, 5 g de sel, 1 œuf, 1 jaune d'œuf, 3 pincées de mélange d'épices (voir page 4)

Mettre le beurre mou dans le bol du robot et le malaxer à vitesse moyenne pour l'assouplir. Ajouter successivement la vergeoise, la poudre d'amandes, le sel, les épices, l'œuf, le jaune et pour finir, petit à petit, la farine et la poudre de spéculoos. Dès que la pâte forme une boule, cesser de pétrir. Envelopper la pâte de film alimentaire et la mettre au réfrigérateur 3 heures au moins.

Le mélange d'épices intensifie le goût de spéculoos sans trop sucrer la pâte et en préservant la texture de la pâte sablée. Cependant, vous pouvez aussi réaliser les pâtes plus simplement en ajoutant juste un peu de 4-épices ou de cannelle selon le goût.

TARTELETTE OU PETITE QUICHE

Fariner le plan de travail. Étaler la pâte sur une épaisseur de 2 à 2,5 mm et tailler des cercles à l'aide d'un emporte-pièce ou du moule à tarte choisi. Foncer la pâte dans les moules, la piquer de coups de fourchette et entreposer les moules au réfrigérateur pendant 20 minutes environ.
Garnir les fonds de garniture (lamelles de pomme, de poire pour les fonds sucrés, poireaux ou courgettes à la crème pour les fonds salés), enfourner et cuire à four chaud entre 180 °C et 210 °C, le temps nécessaire selon le type de garniture.

TATIN SUCRÉE OU SALÉE

Fariner le plan de travail. Étaler la pâte sur une épaisseur de 2,5 à 3 mm et tailler des cercles à l'aide d'un emporte-pièce ou du moule à tatin choisi. Piquer la pâte de coups de fourchette et l'entreposer au réfrigérateur pendant 20 minutes environ.
Réaliser un caramel blond et le couler dans le fond des moules. Y disposer des fruits en lamelles ou en quartiers (mangues, abricots…) ou des légumes émincés (endives, navets…), puis recouvrir de pâte, retrousser les bords à l'intérieur du moule et cuire à four chaud entre 180 °C et 210 °C, le temps nécessaire selon le type de garniture.

petites sauces salées et sucrées

VINAIGRETTE AU SPÉCULOOS

PRÉPARATION : 5 MINUTES - POUR 2 À 3 PERSONNES

4 cuillères à soupe d'huile d'arachide, 2 cuillères à soupe d'huile d'olive, 2 cuillères à soupe de vinaigre balsamique, 1 cuillère à soupe de poudre de spéculoos, sel et poivre

Dans un bol, émulsionner le vinaigre en ajoutant progressivement les huiles en un petit filet. Saler et poivrer. Au moment de servir, ajouter le spéculoos en poudre.

SAUCE CRÈMEUSE AU SPÉCULOOS

PRÉPARATION : 10 MINUTES - CUISSON : 25 MINUTES
POUR 3 À 4 PERSONNES

30 cl de vin blanc sec, 30 cl de fond de volaille ou de fumet de poisson (en fonction du plat), 2 échalotes, 30 cl de crème fraîche liquide, 10 g de beurre, 6 à 8 spéculoos

Faire fondre le beurre à feu doux dans une casserole. Faire revenir les échalotes ciselées, sans coloration, jusqu'à ce qu'elles soient translucides. Ajouter le vin blanc, bien mélanger et faire réduire de moitié. Ajouter le fond de volaille ou le fumet de poisson en remuant et faire réduire à nouveau aux trois quarts. Ajouter la crème, faire réduire quelques minutes jusqu'à ce que la sauce soit onctueuse. Hors du feu, filtrer la sauce sur les spéculoos, mixer et assaisonner. Réserver la sauce au chaud jusqu'au moment de servir, sans la faire bouillir.

Idéal à cuisiner : le spéculoos se travaille très facilement car il se dissout parfaitement dans les préparations onctueuses, et permet même d'épaissir les sauces, jouant le rôle d'un véritable liant.

CRÈME ANGLAISE

PRÉPARATION : 10 MINUTES - CUISSON : 10 MINUTES
REPOS : AU MOINS 1 HEURE - POUR 3 À 4 PERSONNES

50 cl de lait, 150 g de pâte à tartiner au spéculoos (voir page 6), 50 g de sucre, 6 jaunes d'œufs

Chauffer le lait et la pâte au spéculoos à feu doux pour bien dissoudre l'ensemble. Pendant ce temps, battre les jaunes d'œufs et le sucre à l'aide d'un fouet jusqu'à ce que le mélange blanchisse. Verser le lait aux spéculoos sur les jaunes et le sucre et bien dissoudre l'ensemble. Remettre la crème sur feu doux, en mélangeant à la spatule 1 à 2 minutes environ jusqu'à ce que la crème nappe la spatule. (Attention la crème ne doit surtout pas bouillir !) Laisser tiédir à température ambiante 20 minutes environ, puis réserver au réfrigérateur quelques heures avant utilisation.

ESPUMA

PRÉPARATION : 15 MINUTES - CUISSON : 7 À 8 MINUTES
REPOS : 2 HEURES - POUR 1 SIPHON DE 50 CL

30 cl de lait, 1½ feuille gélatine, 50 g de pâte à tartiner au spéculoos (voir page 6), 50 g de poudre de spéculoos, 2 cartouches de gaz

Faire ramollir la gélatine dans un bol d'eau froide. Dans une casserole, chauffer le lait, la pâte et les spéculoos à feu moyen/doux. Bien mélanger jusqu'aux premiers signes d'ébullition puis retirer la casserole du feu. Mixer la préparation avec un mixer plongeant, puis la filtrer à l'aide d'un chinois ou d'une passoire fine. Essorer délicatement la gélatine et la dissoudre dans le lait chaud. Laisser refroidir à température ambiante quelques minutes avant de verser aux deux tiers du siphon. Bien visser l'embout, puis gazer deux fois de suite. Bien agiter et réserver au réfrigérateur 2 heures au moins.

PRÉPARATION : 20 MINUTES - CUISSON : 10 MINUTES - REPOS : 15 MINUTES - POUR 4 À 6 PERSONNES

mini-carottes
EN TEMPURA DE SPÉCULOOS

250 g à 300 g de mini-carottes (avec fanes)
1 l environ d'huile de friture

PÂTE À TEMPURA
100 g de farine
100 g de fécule de pomme de terre
1 blanc d'œuf
5 cl d'eau glacée (environ)
8 à 10 spéculoos
sel et poivre

LA PÂTE À TEMPURA
Réunir dans un saladier la farine et la fécule. Saler et poivrer légèrement. Mélanger doucement avec le blanc d'œuf, puis incorporer progressivement l'eau glacée pour éviter les grumeaux (comme une pâte à crêpes, mais qui serait un peu plus épaisse). Émietter grossièrement les spéculoos et les incorporer à la pâte. Réserver au réfrigérateur.

LES CAROTTES
Couper les fanes des carottes à mi-hauteur. À l'aide d'un petit couteau, couper les racines et gratter légèrement les carottes pour retirer leur fine peau. Laver et éponger. Regrouper les carottes en bouquet et envelopper délicatement les fanes dans du papier d'aluminium pour les maintenir.
Remplir d'eau une petite casserole à bord haut. Saler et porter à ébullition. Y plonger les carottes pendant 2 minutes environ, en laissant dépasser les fanes enveloppées d'aluminium. Refroidir dans un bain d'eau froide. Retirer l'aluminium et éponger les carottes bien à plat sur du papier absorbant.

LE SERVICE
Remplir à mi-hauteur une petite casserole d'huile, et chauffer sur feu moyen. (La quantité d'huile est fonction de la longueur des carottes : elles doivent être immergées jusqu'à la base des fanes qui, elles, doivent reposées sur les bords de la casserole pendant la cuisson.)
Lorsque l'huile est assez chaude, tremper les carottes une à une dans la pâte à tempura et les plonger progressivement dans le bain de friture jusqu'à ce qu'elles colorent légèrement. Débarrasser sur un plat recouvert de papier absorbant. Servir aussitôt et accompagner de fleur de sel et de poudre de spéculoos.

PRÉPARATION : 55 MINUTES - CUISSON : 55 MINUTES - REPOS (POUR LA PÂTE) : 3 HEURES - POUR 10 À 12 PERSONNES

tourte aux blettes

SUCRÉ-SALÉ

PÂTE SUCRÉE

500 g de farine
260 g de beurre
80 g de poudre d'amandes
200 g de poudre de spéculoos
160 g de vergeoise
10 g de sel
2 œufs
2 jaunes d'œufs
6 pincées de mélange d'épices
(voir page 4)

FARCE

2 bottes de blettes
3 pommes vertes ou 3 poires
125 g de parmesan râpé
60 g de pignons de pin
400 g de brousse
3 œufs
60 g de raisins secs
sel et poivre

LA PÂTE

Réaliser une pâte sucrée comme indiqué page 12.

LA FARCE

Nettoyer les blettes et conserver les feuilles. Couper les cardes (les tiges) en petits dés. Dans une casserole d'eau bouillante salée, blanchir les feuilles 1 minute, puis les rafraîchir sous l'eau froide. Cuire les cardes de la même façon pendant 4 minutes environ, jusqu'à ce qu'elles soient bien tendres. Égoutter séparément et bien presser dans les mains pour retirer l'eau. Hacher grossièrement les feuilles.
Éplucher et évider les pommes (ou les poires), puis les détailler en fines lamelles.
Dans un saladier, mélanger les cardes et les feuilles de blettes avec la brousse, le parmesan, les pignons, les raisins et les œufs. Saler et poivrer.

LA TOURTE

Sur le plan de travail fariné, étaler les deux tiers de la pâte sur une épaisseur d'environ 2,5 mm et foncer un moule à manqué. Piquer le fond. Couper les bords au couteau et récupérer les chutes de pâte.
Garnir avec la farce et répartir sur toute la surface les lamelles de pommes.
Étaler le restant de pâte et recouvrir la tourte. Border et pincer les bords. Enfourner pendant 50 minutes environ, après avoir percé le dessus de petits coups de couteau.
Sortir du four lorsque c'est bien doré et démouler encore tiède sur une grande planche. Au moment de servir, saupoudrer de sucre glace.

PRÉPARATION : 40 MINUTES - CUISSON : 25 MINUTES - REPOS : 30 MINUTES - POUR 4 PERSONNES (3 PIÈCES/PERS)

mini-chaussons de pétoncles
PANÉS AU SPÉCULOOS

12 disques de pâte feuilletée de 10 cm de diamètre
24 pétoncles surgelés
12 belles gousses d'ail
4 œufs
250 g de chapelure de spéculoos (voir page 6)
sel et poivre fin

huile de friture 75 cl

LA GARNITURE
La veille, décongeler les pétoncles dans une passoire au réfrigérateur. Éplucher les gousses d'ail. Porter une casserole d'eau salée à ébullition, y plonger les gousses d'ail et cuire à petits bouillons pendant 15 minutes environ. Lorsqu'elles sont tendres, les égoutter et les refroidir sous l'eau froide. Les éponger sur du papier absorbant ainsi que les pétoncles décongelés.

LES CHAUSSONS
Battre les œufs entiers dans un saladier. Saler et poivrer. Répartir les disques de pâte sur une plaque à pâtisserie et, à l'aide d'un pinceau, badigeonner légèrement la surface d'œuf battu. Disposer au centre 2 noix de pétoncles et 1 gousse d'ail. Saler et poivrer. Replier chaque disque en forme de demi-lune et souder les contours à l'aide du pouce et de l'index. Mettre au réfrigérateur 30 minutes environ pour les raffermir.

LA CUISSON
Préchauffer l'huile de friture dans une casserole à 170 °C. Badigeonner les chaussons d'œuf battu (des deux côtés), puis les passer un par un dans la chapelure, en insistant légèrement pour les paner uniformément.
Plonger les chaussons une première fois dans l'huile chaude, pendant 5 à 6 minutes, en les retournant de temps à autre, jusqu'à l'obtention d'une jolie croûte dorée uniforme. Égoutter. Juste avant de servir, replonger les chaussons dans le bain de friture pendant 2 à 3 minutes. Éponger les chaussons sur du papier absorbant et les servir sans attendre.

PRÉPARATION : 35 MINUTES - CUISSON : 1 HEURE 10 - POUR 4 À 5 PERSONNES

poulet farci en cocotte

QUETSCHES ET SPÉCULOOS

1 poulet de 1,2 kg environ
250 g de quetsches
25 cl de coulis de spéculoos (voir page 6)
10 cl de vin blanc
3 cuillères à soupe d'huile neutre

LA FARCE

300 g de filet de poulet
125 g de quetsches
10 spéculoos
1 échalote
sel et poivre du moulin

LA FARCE

Hacher finement au robot les filets de poulet. Laver, dénoyauter et couper les quetsches en petits morceaux. Éplucher et ciseler l'échalote. Mélanger ensemble ces ingrédients avec les spéculoos grossièrement émiettés. Saler et poivrer, puis farcir le poulet et le ficeler pour bien le maintenir lors de la cuisson.

LA CUISSON

Préchauffer le four à 200 °C. Placer le poulet dans une cocotte et l'arroser d'huile. Saler, poivrer et enfourner.
Après 25 minutes, badigeonner le poulet une première fois avec le coulis de spéculoos. Remettre au four puis, au bout de 15 minutes, lustrer une seconde fois. Ajouter dans la cocotte les quetsches et le vin blanc, puis remettre au four 25 minutes environ. Sortir la cocotte, vérifier la cuisson de la farce en plantant un couteau à l'intérieur du poulet. Celui-ci doit ressortir net et chaud. Couvrir la cocotte jusqu'au moment de servir.
Découper le poulet sur une planche, récupérer la farce et servir avec les quetsches et le jus de cuisson.

PRÉPARATION : 35 MINUTES - CUISSON : 45 MINUTES - POUR 4 À 5 PERSONNES

filet mignon braisé aux oignons

CRÈME DE SPÉCULOOS

2 filets mignons de porc
2 à 3 oignons
60 cl de vin blanc
1 cuillère à soupe rase de sucre
25 cl de crème fraîche
8 à 12 spéculoos (suivant le goût)
3 cuillères à soupe d'huile d'arachide
20 g de beurre
sel et poivre du moulin

LA VIANDE ET LES OIGNONS

Éplucher soigneusement les oignons et les couper en deux dans le sens transversal. À l'aide d'un petit couteau, dégraisser les filets mignons et retirer les parties nerveuses si besoin. Préchauffer le four à 200 °C.
Dans une cocotte ou une poêle, chauffer à feu vif l'huile d'arachide et le beurre, et colorer les filets mignons de chaque côté. Saler et poivrer puis poser les filets dans une plaque à rôtir.
Dans la même poêle, mais à feu plus modéré, colorer les oignons avec le sucre sur la face coupée. Lorsqu'ils sont bien caramélisés, verser le vin blanc pour déglacer les sucs, couvrir et laisser mijoter 6 à 7 minutes.
Répartir les oignons autour des filets mignons et verser le vin blanc dessus. Enfourner pendant 20 minutes environ.

LA SAUCE

En fin de cuisson, retirer les filets et les oignons et récupérer le jus de cuisson. Le filtrer au-dessus d'une casserole. Ajouter la crème et faire réduire de moitié sur feu vif. Hors du feu, ajouter les spéculoos et mixer pour lier la sauce.

LE SERVICE

Découper les filets mignons en tranches et les dresser sur une assiette. Napper ou servir la sauce à part. Accompagner des oignons.

PRÉPARATION : 25 MINUTES - CUISSON : 30 MINUTES - POUR 4 PERSONNES

piccatas de veau panées au spéculoos

PÂTES AU BOUILLON DE LÉGUMES VANILLÉ

PICCATAS

4 fines escalopes de veau
100 g de farine
3 œufs
250 g de chapelure de spéculoos (voir page 6)
sel et poivre
3 cuillères à soupe d'huile neutre de cuisson
15 g de beurre

BOUILLON DE LÉGUMES

200 g de pâtes fraîches ou artisanales
2 l d'eau environ
1 carotte
¼ de branche de céleri
¼ de poireau
1 échalote
1 bouquet garni
1 gousse de vanille
un filet d'huile d'olive
sel et poivre

LE BOUILLON DE LÉGUMES

Éplucher, laver, et tailler finement les légumes. Faire suer l'ensemble dans une casserole avec un filet d'huile d'olive, puis recouvrir d'eau. Saler, poivrer et laisser mijoter à feu doux une vingtaine de minutes.

LES PICCATAS

Tailler les escalopes en 2 ou 3 morceaux. Saler et poivrer. Préparer trois assiettes creuses. Une contenant la farine, la seconde, les œufs battus, et la troisième, la chapelure de spéculoos. Commencer par fariner les piccatas, puis les tremper successivement dans l'œuf battu et la chapelure.

LA CUISSON

Fendre la gousse de vanille, l'ajouter au bouillon avec le bouquet garni et cuire les pâtes « al dente ».
Pendant ce temps, cuire les piccatas de chaque côté avec l'huile et le beurre, dans une poêle bien chaude. Servir aussitôt avec les pâtes au bouillon.

PRÉPARATION : 35 MINUTES - CUISSON : 25 MINUTES - REPOS : 1 HEURE 30 - POUR 4 À 5 PERSONNES

papillote de cabillaud
BEURRE DE SPÉCULOOS AUX CRANBERRIES

1 filet de cabillaud (700 g environ)
400 g de pousses d'épinards
1 oignon frais (cébette)
15 cl de vin blanc
sel et poivre du moulin
1 branche de thym ou de romarin
1 feuille de laurier

BEURRE DE SPÉCULOOS
125 g de beurre
30 g de cranberries séchés
5 spéculoos
½ jus de citron
sel et poivre

LE BEURRE
Sortir le beurre du réfrigérateur 2 heures avant la préparation. Dans un saladier, mélanger à l'aide d'une spatule le beurre en pommade, le jus de citron, les cranberries et les spéculoos émiettés. Saler et poivrer.
Rouler le beurre dans du film alimentaire en lui donnant une forme de boudin. Nouer les extrémités et mettre au réfrigérateur au moins 1 heure 30.

LA PAPILLOTE
Découper 2 rectangles de papier sulfurisé de deux fois la longueur et trois fois la largeur (au moins) du filet de cabillaud. Superposer les papiers sur le plan de travail. Déposer au centre les pousses d'épinards, l'oignon frais émincé et le filet de cabillaud. Saler, poivrer et déposer dessus le thym et le laurier.
Rabattre le papier des 2 côtés du filet et bien nouer les extrémités avec de la ficelle à rôtir (comme un bonbon). Placer la papillote sur une plaque à rebord, arroser le poisson de vin blanc et fermer la papillote à l'aide d'agrafes. Enfourner et cuire à four chaud (200 °C) 20 minutes environ (selon l'épaisseur du filet).

LE SERVICE
À la sortie du four, retirer les agrafes au centre de la papillote et vérifier la cuisson du poisson avec la pointe d'un couteau. Sortir le beurre, découper quelques rondelles et en déposer une sur le poisson. Servir la papillote sans attendre, dans son plat de cuisson, avec quelques rondelles de beurre à part.

PRÉPARATION : 20 MINUTES - CUISSON : 15 MINUTES - REPOS : 15 MINUTES - POUR 4 PERSONNES

saumon poché au lait
CRÈME DE SPÉCULOOS

4 pavés (ou darnes) de saumon d'environ 150 g chacun
½ carotte
½ branche de céleri
1 échalote
1 branche de thym
1 feuille de laurier
2 étoiles de badiane
75 cl de lait entier ou demi-écrémé
quelques grains de poivre
de la fleur de sel
8 à 12 spéculoos (selon votre goût)

LE SAUMON

Éplucher et laver les légumes et aromates. Émincer finement la carotte, la branche de céleri et l'échalote.
Dans une casserole, réunir les légumes, les épices, les aromates et le lait. Saler légèrement. Porter à ébullition, puis couvrir et laisser infuser hors du feu pendant 8 à 10 minutes environ.
Plonger les pièces de saumon dans le bouillon de lait. Remettre sur feu moyen, porter de nouveau à ébullition puis stopper le feu, couvrir et mettre de côté pour terminer doucement la cuisson des saumons.

LE SERVICE

Retirer délicatement les pièces de saumon du bouillon, les éponger et les débarrasser des légumes et aromates.
Filtrer le bouillon de lait, puis l'émulsionner au blender ou au mixer plongeant avec les spéculoos. Dresser les saumons et napper de crème aux spéculoos.

VARIANTE

Vous pouvez choisir les aromates et/ou les épices en fonction de votre goût.
Citronnelle, curry et gingembre se marient aussi très bien avec cette recette.

PRÉPARATION : 25 MINUTES - CUISSON : 8 MINUTES - REPOS : 2 HEURES AU MOINS - POUR 4 À 6 PERSONNES

tiramisu de chèvre

FIGUES ET SPÉCULOOS

125 g de fromage de chèvre frais
125 g de crème liquide
1 œuf
sel et poivre
200 g environ de poudre de spéculoos

FIGUES AU SIROP

6 à 9 figues
25 cl de porto rouge
1 cuillère à soupe de crème de cassis
25 g de sucre en poudre
2 pincées de mélange d'épices
(voir page 4)

LES FIGUES

Réunir dans une casserole le porto, la crème de cassis, le sucre et les épices. Porter le tout à ébullition. Faire réduire de moitié, à petit bouillon, 5 à 6 minutes environ. Pendant ce temps, laver et couper les figues en quartiers. Les ajouter au sirop, bien mélanger et remettre sur feu doux 1 à 2 minutes, juste pour bien napper les fruits. Laisser refroidir hors du feu, dans le sirop.

LA CRÈME

Séparer le blanc du jaune d'œuf. Monter le blanc en neige bien ferme avec une pincée de sel. Dans un saladier, détendre le fromage de chèvre avec le jaune d'œuf puis la crème liquide. Saler, poivrer et bien mélanger afin d'obtenir un mélange bien lisse. Incorporer délicatement le blanc en neige à l'aide d'une spatule.

LE MONTAGE

Tapisser le fond de verrines de poudre de spéculoos. Tasser avec le dos d'une cuillère. Garnir de crème au chèvre, saupoudrer d'une seconde couche de poudre de spéculoos et terminer par le reste de crème. Mettre au réfrigérateur 2 heures au moins.
Servir les verrines bien froides, accompagnées des figues au sirop.

PRÉPARATION : 20 MINUTES - CUISSON : 30MINUTES - POUR 4 À 5 PERSONNES

velouté de topinambours

CHANTILLY DE SPÉCULOOS

1 kg de topinambours
2 oignons
30 g de beurre
30 g de cassonade
sel et poivre du moulin
25 cl de crème liquide
quelques spéculoos

LE VELOUTÉ

Éplucher, laver et couper les topinambours en petits morceaux. Éplucher et ciseler les oignons. Dans une casserole, faire fondre le beurre sur feu moyen. Ajouter les oignons, la cassonade et bien faire caraméliser les oignons sans cesser de mélanger. Ajouter les topinambours, et couvrir d'eau froide à hauteur. Saler, poivrer, couvrir aux trois quarts et cuire 30 minutes environ sur feu moyen.
Mixer pour obtenir un velouté un peu épais.

LA CHANTILLY

Dans la cuve du batteur ou dans un saladier très froid, verser la crème liquide. Fouetter jusqu'à l'obtention d'une crème Chantilly assez ferme. Saler et poivrer. Incorporer les spéculoos émiettés à la chantilly sans trop insister. Réserver au froid jusqu'au moment de servir.

LE SERVICE

Servir le velouté bien chaud accompagné de la chantilly.

PRÉPARATION - 30 MINUTES - CUISSON : 5 MINUTES - REPOS : AU MOINS 3 HEURES - POUR 8 À 12 PERSONNES

marbré fromage et spéculoos

FRUITS DU MENDIANT

240 g de crottins de chèvre frais
140 g de roquefort
200 g de mozzarella (en pain)
15 cl de crème liquide
2 cuillères à soupe d'huile d'olive
40 g d'abricots secs
40 g de pruneaux dénoyautés
40 g de figues séchées
2 sachets de thé
150g environ de poudre de spéculoos (voir page 6)
poivre

LES FRUITS SECS

Porter une petite casserole d'eau à ébullition. Hors du feu, faire infuser les sachets de thé quelques minutes. Retirer les sachets de thé puis plonger les fruits secs afin de les réhydrater. Les laisser gonfler quelques minutes, puis les égoutter et les éponger.

LE MARBRÉ

Découper la mozzarella en tranches d'environ 5 mm d'épaisseur. Éponger sur du papier absorbant.

Dans le bol du robot, malaxer d'abord le chèvre avec un peu de crème, puis le roquefort de la même façon. Poivrer et débarrasser les préparations dans 2 poches à pâtisserie (à défaut, vous pourrez les étaler à l'aide d'une spatule).

Graisser légèrement les parois d'un petit moule à cake avec un peu d'huile d'olive. Saupoudrer uniformément le moule de poudre de spéculoos. Tapisser les parois avec les tranches de mozzarella taillées au besoin à la dimension du moule.

Garnir le fond d'une première couche uniforme de fromage de chèvre. Recouvrir de fruits, en alternant figues, abricots et pruneaux. Saupoudrer de spéculoos. Presser légèrement du bout des doigts puis déposer une couche de roquefort, suivie de fruits, de spéculoos, et terminer par une couche de chèvre. Saupoudrer de spéculoos, recouvrir le moule de film alimentaire et mettre au réfrigérateur pendant 3 heures au moins. Démouler la terrine sur le plat de service, saupoudrer de spéculoos.

PRÉPARATION : 35 MINUTES - CUISSON : 30 MINUTES - REPOS : 40 MINUTES - POUR 4 PERSONNES

boudin noir en croûte de spéculoos

POMME-POIRE

4 boudins noirs
1 blanc d'œuf
200 g de chapelure de spéculoos (voir page 6) + 30 g de farine
sel et poivre

FRUITS

2 pommes
2 poires
60 g de cassonade
40 g de beurre
5 cl d'eau
2 pincées du mélange d'épices spécial spéculoos (voir page 6) (facultatif)

LES BOUDINS

Avec la pointe d'un couteau, inciser les boudins sur toute leur longueur et retirer délicatement le boyau. Récupérer la chair de chaque boudin et l'enrouler de film alimentaire en serrant bien les extrémités de manière à reconstituer un boudin bien ferme et sans fissure. Mettre les boudins au congélateur 30 minutes environ. Dans un plat à rebord, mélanger la chapelure et la farine. Saler et poivrer légèrement. Lorsque les boudins sont bien froids, retirer délicatement le film alimentaire. À l'aide d'un pinceau, badigeonner uniformément chaque boudin de blanc d'œuf, puis les rouler un par un dans le mélange de chapelure, en insistant légèrement pour former une jolie croûte uniforme. Les disposer sur une plaque ou un plat pouvant aller au four. Réserver au réfrigérateur.

LES FRUITS

Laver puis couper les fruits en gros quartiers. Dans une poêle à bord haut, faire fondre le beurre à feu moyen. Ajouter les fruits, la cassonade et le mélange d'épices, puis faire revenir les quartiers jusqu'à ce qu'ils soient caramélisés. Bien mélanger, ajouter l'eau et cuire à feu plus doux pendant quelques minutes. Transvaser les fruits dans un récipient en plastique et laisser refroidir à température ambiante.

LE SERVICE

Préchauffer le four à 210 °C. Enfourner les boudins pendant 20 minutes environ, jusqu'à ce que la croûte soit joliment colorée. Juste avant de servir, réchauffer les fruits en les passant quelques minutes au four.

PRÉPARATION : 20 MINUTES - CUISSON : 15 MINUTES - REPOS : 2 HEURES - POUR 4 À 5 PERSONNES

foie gras poêlé

RHUBARBE ET POUDRE DE SPÉCULOOS

1 lobe de foie gras frais
1 botte de rhubarbe
80 g de cassonade
150 g de sucre
50 g de beurre
40 g de farine
100 g environ de poudre de spéculoos
sel et poivre du moulin

LA RHUBARBE

Éplucher et tailler la rhubarbe en bâtonnets de 10 cm de long environ. Les mettre dans une passoire, saupoudrer de sucre en poudre et faire dégorger pendant 2 heures au moins. Pour gagner du temps, vous pouvez aussi blanchir les bâtonnets pendant 2 minutes dans de l'eau bouillante.

LE FOIE GRAS

Découper le foie gras en 4 ou 5 tranches d'une épaisseur de 2 cm environ. Inciser légèrement le dessus en quadrillant les tranches. Saler et poivrer, fariner légèrement et réserver au frais.

LA CUISSON

Faire caraméliser à feu moyen la cassonade dans une poêle. Ajouter les bâtonnets de rhubarbe et le beurre, et cuire à feu doux pendant 3 à 4 minutes, en mélangeant délicatement. Réserver au chaud.

Dans une autre poêle antiadhésive bien chaude, saisir les tranches de foie gras 1 minute de chaque côté. Les égoutter sur du papier absorbant.

Dresser d'abord la rhubarbe, puis déposer dessus le foie gras poêlé. Saupoudrer de poudre de spéculoos et servir aussitôt.

magret de canard au spéculoos

PRÉPARATION : 25 MINUTES - CUISSON : 10 MINUTES
REPOS : 1 HEURE - POUR 2 PERSONNES

FARCI AU FOIE GRAS

1 magret de canard
100 g de foie gras frais de canard
80 g de poudre de spéculoos
sel et poivre du moulin

LE MAGRET

Dégraisser entièrement le magret. Tirer sur la graisse et, à l'aide d'un petit couteau, détacher la chair en prenant soin de ne pas l'entailler. Inciser profondément, mais pas entièrement, la chair du magret par le milieu sur toute sa longueur. Écarter la chair de part et d'autre, en portefeuille. Saler et poivrer l'intérieur. Farcir de foie gras sur toute la longueur, puis refermer le magret et le rouler comme un saucisson. L'envelopper en l'enroulant dans du papier d'aluminium. Bien serrer les extrémités. Mettre au réfrigérateur une petite heure.

LA CUISSON ET LE SERVICE

Préchauffer le four à 210 °C. Enfourner les magrets pendant 8 à 10 minutes, selon la cuisson désirée. À la sortie du four, laisser reposer quelques minutes. Retirer délicatement le papier d'aluminium et rouler le magret dans la poudre de spéculoos. Trancher délicatement et servir aussitôt.

PRÉPARATION : 30 MINUTES - CUISSON : 12 MINUTES
REPOS : 15 MINUTES - POUR 2 PERSONNES

FAÇON ROSSINI

1 magret de canard
140 g de foie gras frais de canard
90 g de poudre de spéculoos
(voir page 6)
40 g de beurre fondu
sel et poivre

LES FONDS

Mélanger la poudre de spéculoos et le beurre fondu. Disposer 2 cercles sur un plat recouvert de papier sulfurisé et pouvant aller au réfrigérateur. Répartir un peu de mélange sur les fonds et tasser avec le dos d'une cuillère afin d'obtenir une épaisseur uniforme d'environ 5 mm. Mettre au réfrigérateur pour durcir les fonds.

LES MAGRETS

À l'aide d'un couteau, quadriller le gras des magrets. Les déposer côté graisse dans une poêle antiadhésive. Laisser fondre la graisse à feu doux pendant 7 minutes, puis retourner les magrets, côté chair, et poursuivre la cuisson 2 minutes à peine (pour une cuisson rosée). Transférer sur du papier absorbant, couvrir, laisser reposer.

LE FOIE GRAS

Découper 2 tranches de foie gras, inciser légèrement le dessus en quadrillant les tranches, saler, poivrer et fariner légèrement. Dans une poêle antiadhésive bien chaude, saisir les tranches 1 minute de chaque côté.

LE MONTAGE

Découper les magrets dans le sens de la largeur en tranches d'environ 1 cm d'épaisseur. Dresser un disque de spéculoos par assiette, surmonter d'un demi-magret et terminer avec une tranche de foie gras.

SUGGESTIONS D'ACCOMPAGNEMENT

Mousseline de céleri, panais, aigre doux de cerises, figues ou poires, réduction de vinaigre balsamique.

PRÉPARATION : 30 MINUTES - CUISSON : 30 MINUTES - POUR 4 PERSONNES

carré d'agneau en croûte de spéculoos

CHUTNEY BANANE-CURRY

4 carrés d'agneau de 3 côtes
(manchonnés et détalonnés
par votre boucher)
3 belles cuillères à soupe de moutarde
400 g de chapelure de spéculoos
(voir page 6)
sel et poivre

CHUTNEY BANANE-CURRY

500 g de banane
le jus de ½ citron
2 oignons blancs + 1 gousse d'ail
1 cuillère à café de cassonade
12 g de curry en poudre
80 g de vinaigre de cidre
2 g de poivre blanc en poudre
et 3 g de sel
3 cuillères à soupe d'huile d'olive

LE CHUTNEY

Éplucher et émincer finement les oignons et l'ail. Faire revenir dans une casserole, à petit feu, avec l'huile d'olive et la cassonade pour les confire légèrement. Éplucher et couper les bananes en rondelles épaisses.
Verser le vinaigre et le jus de citron sur les oignons, ajouter les bananes, le curry, le sel et le poivre. Bien mélanger et faire cuire à feu doux, sans couvrir jusqu'à ce que le mélange épaississe. Débarrasser le chutney et laisser refroidir.

LES CARRÉS D'AGNEAU

Saler, poivrer les saisir les carrés sur chaque face dans une poêle avec un peu d'huile d'olive. Réserver sur du papier absorbant. Préchauffer le four à 210 °C.
À l'aide d'un pinceau, badigeonner les carrés de moutarde sur toutes leurs faces. Recouvrir et imprégner généreusement les carrés de chapelure avec vos mains. Déposer les carrés, bien droits, dans un plat et enfourner pendant 10 à 12 minutes, selon l'épaisseur et la cuisson désirée. À la sortie du four, recouvrir de papier d'aluminium et laisser reposer quelques minutes. Couper les carrés entre les côtes et servir avec le chutney.

petits fours au spéculoos

MINI-TIRAMISU EXPRESS

PRÉPARATION : 10 MINUTES - REPOS : 1 HEURE - POUR 3 À 4 VERRINES

200 g de mascarpone, 180 g de crème liquide, 1 café expresso, 70 g de sucre, 5 spéculoos, 1 cuillère à soupe de cacao en poudre

Fouetter le mascarpone, la crème et le sucre afin de lisser le mélange. Tremper les spéculoos un par un dans le café tiède et tapisser le fond de verrines. Garnir de crème au mascarpone et mettre au réfrigérateur 1 heure au moins. Juste avant de servir, saupoudrer de cacao.

MINI-DACQUOISES

PRÉPARATION : 10 MINUTES - CUISSON : 10 MINUTES
POUR 12 À 15 PIÈCES

2 blancs d'œufs, 30 g de poudre d'amandes, 10 g de sucre, 40 g de poudre de spéculoos (voir page 6)

Préchauffer le four à 180 °C. Monter les blancs en neige, ajouter le sucre puis fouetter à nouveau pour raffermir la meringue. Incorporer délicatement à la spatule les poudres d'amandes et de spéculoos. Garnir une poche à pâtisserie. Dresser les dacquoises sur une plaque recouverte d'une toile siliconée ou de papier sulfurisé puis cuire au four 5 à 7 minutes. À la sortie du four, décoller les dacquoises.

ROCHERS CHOCO-SPÉCULOOS

PRÉPARATION : 10 MINUTES - CUISSON : 3 MINUTES - REPOS : 20 MINUTES
POUR 12 À 15 PIÈCES

140 g de spéculoos, 100 g de chocolat noir, 40 g de poudre de spéculoos (voir page 6)

Faire fondre le chocolat délicatement puis le mélanger aux spéculoos émiettés grossièrement. Faire des petits tas à l'aide de 2 cuillères à café sur un plat recouvert de papier sulfurisé ou d'une toile siliconée. Saupoudrer de poudre de spéculoos et mettre au frais au moins 20 minutes pour durcir les rochers.

FRUITS DÉGUISÉS

PRÉPARATION : 10 MINUTES - CUISSON : 3 MINUTES - REPOS : 10 MINUTES

des fruits frais, du chocolat noir, du chocolat blanc et du chocolat au lait, de la poudre de spéculoos (voir page 6)

Faire fondre le ou les chocolats délicatement au bain-marie dans des bols distincts. Laver, éplucher et/ou tailler les fruits en morceaux. Les piquer sur un pique en bois ou une petite fourchette avant de les tremper partiellement dans le chocolat fondu. Les enrober délicatement de poudre de spéculoos et mettre au réfrigérateur une dizaine de minutes pour durcir le chocolat.

PRÉPARATION : 30 MINUTES - CUISSON : 40 MINUTES - REPOS : 2 HEURES 30 MINIMUM - POUR 6 À 8 PERSONNES

cheese-cake tout spéculoos

FOND AU SPÉCULOOS

220 g de poudre de spéculoos
20 g de vergeoise
70 g de beurre fondu
(+ 20 g pour le moule)

CRÈME AU SPECULOOS

300 g de fromage blanc
120 g de crème épaisse
280 g de mascarpone
2 œufs
1 jaune d'œuf
140 g de pâte à tartiner au spéculoos
(voir page 6)
25 g de maïzena
1 cuillère à café rase de mélange d'épices
(voir page 4)
une douzaine de spéculoos

MATÉRIEL

cercle en inox ou moule à fond amovible

LE FOND

Mélanger dans un saladier la poudre de spéculoos, la vergeoise et le beurre fondu. Tapisser le fond du moule d'un disque de papier sulfurisé et les parois d'une bande beurrée, en la faisant dépasser de 2 cm environ.
Répartir sur le fond le mélange, en tassant avec le dos d'une cuillère afin d'obtenir une épaisseur uniforme d'1 cm maximum. Mettre au réfrigérateur pour durcir le fond.

LA CRÈME

Faire ramollir la pâte de spéculoos quelques secondes au micro-ondes dans un bol avec quelques gouttes d'eau. Dans un saladier, battre le fromage blanc, le mascarpone et la crème. Ajouter les œufs et le jaune, la maïzena en fine pluie, les épices et la pâte au spéculoos. Bien mélanger le tout au fouet afin de lisser le mélange.

LA CUISSON ET LE SERVICE

Préchauffer le four à 180 °C. Verser une partie du mélange crèmeux sur le fond, répartir quelques spéculoos entiers ou émiettés puis verser le reste du mélange.
Baisser la température du four à 160 °C et enfourner pour 40 minutes environ.
Vérifier la cuisson : le centre doit être ferme au toucher. Laisser le cheese-cake tiédir dans le four éteint pendant 1 heure environ puis le mettre au réfrigérateur.
Démouler le cheese-cake sur le plat de service. Retirer le cercle puis, délicatement, le papier sulfurisé.

PRÉPARATION : 45 MINUTES - CUISSON : 40 MINUTES - REPOS : 1 HEURE 30 - POUR 6 PETITS CHEESE-CAKES

cheese-cakes mini et légers

CHOCOLAT-PÉCAN-SPÉCULOOS

CRÈME LÉGÈRE

250 g de fromage blanc
50 g de lait
30 g de fécule de pomme de terre
2 cuillères à café de levure chimique
3 œufs
90 g de sucre
1 citron

FONDS SPECULOOS

NATURE

175 g de poudre de spéculoos + 15 g de vergeoise + 55 g de beurre fondu (+ 25 g pour les cercles)

CHOCO

50 g de chocolat noir + 125 g de spéculoos + 40 g de beurre fondu (+ 25 g pour les cercles)

PÉCAN

75 g de noix de pécan + 100 g de spéculoos + 50 g de beurre fondu (+ 25 g pour les cercles)+ 15 g de cassonade

MATÉRIEL

6 cercles en inox (10 cm de diamètre)

LES FONDS

Préparer les ingrédients du fond choisi ou bien diviser les quantités de chaque fond par 3 si l'on souhaite cuisiner les 3 goûts. Mixer grossièrement les ingrédients sauf le beurre fondu, transvaser le mélange dans un saladier puis incorporer le beurre fondu.
Disposer les cercles sur un plat recouvert de papier sulfurisé pouvant aller au réfrigérateur. Tapisser l'intérieur des cercles d'une bande de papier sulfurisé beurrée, en la faisant dépasser de 2 cm environ.
Répartir sur les fonds un peu de mélange, en tassant avec le dos d'une cuillère, afin d'obtenir une épaisseur uniforme d'environ 1 cm. Mettre au réfrigérateur pour durcir les fonds.

LA CRÈME

Zester le citron puis le presser pour récupérer le jus. Séparer les jaunes des blancs d'œufs. Dans un saladier, fouetter énergiquement les jaunes d'œufs et 70 g de sucre afin que le mélange blanchisse légèrement. Incorporer au fouet la fécule, la levure, le jus et les zestes du citron. Ajouter, enfin, le lait et le fromage blanc et mélanger. Réserver au froid.
Battre les blancs d'œufs en neige, ajouter les 20 g de sucre restant et continuer de battre 1 minute pour raffermir les blancs. Incorporer délicatement les blancs à la spatule au mélange de fromage blanc.

LA CUISSON ET LE SERVICE

Préchauffer le four à 180 °C. Verser le mélange crèmeux à hauteur des cercles, baisser le four à 160 °C et enfourner pendant 35 à 40 minutes. Vérifier la cuisson : le centre doit être ferme au toucher. Laisser refroidir à température ambiante quelques minutes avant de mettre les cheese-cakes au réfrigérateur pour 1 heure 30.
À l'aide d'une spatule, déposer les cheese-cakes sur les assiettes de service. Retirer le cercle puis, délicatement, le papier sulfurisé.

PRÉPARATION : 20 MINUTES - CUISSON : 7 MINUTES - REPOS : AU MOINS 4 HEURES - POUR 10 À 12 PERSONNES (1 GRANDE TERRINE)

terrine choco-café
ÉTAGES DE SPÉCULOOS

20 cl de crème liquide
30 cl de lait
5 jaunes d'œufs
525 g de chocolat noir
80 g de sucre
5 cl d'extrait de café
30 spéculoos environ

LA CRÈME CHOCO-CAFÉ

Faire chauffer le lait et la crème à feu moyen jusqu'aux premiers frémissements. En attendant, battre les jaunes d'œufs et le sucre à l'aide d'un fouet, jusqu'à ce que le mélange blanchisse. Verser la crème chaude sur le mélange œuf-sucre et bien dissoudre l'ensemble. Remettre la crème sur feu doux, en mélangeant à la spatule 2 minutes environ, jusqu'à ce que la crème nappe la spatule. (Attention la crème ne doit surtout pas bouillir !)
Ajouter l'extrait de café, puis verser la crème dans un saladier sur le chocolat coupé en petits morceaux. Bien mélanger pour lisser l'ensemble.

LE MONTAGE DE LA TERRINE

Tapisser uniformément le fond de la terrine de spéculoos. Couler dessus une fine couche de crème au chocolat puis, successivement, une autre couche de spéculoos, une couche de crème au chocolat et ainsi de suite jusqu'à épuisement des ingrédients. Mettre au réfrigérateur pendant 4 heures au moins.
Servir directement dans la terrine ou bien la démouler sur un plat de service (dans ce cas, la tremper quelques secondes dans un fond d'eau bouillante, cela facilitera le démoulage). Saupoudrer de poudre de spéculoos.

PRÉPARATION : 30 MINUTES - CUISSON : 25 MINUTES - REPOS : 20 MINUTES - POUR 8 À 10 PERSONNES

mini-pizza aux fruits
PÂTE À TARTINER AU SPÉCULOOS

PÂTE À PIZZA
420 g de farine
1 cuillère à café de sel
1 cuillère à soupe rase de sucre
25 g de levure fraîche
25 cl d'eau froide

GARNITURE
200 g environ de pâte à tartiner au spéculoos (voir page 6)
500 g environ de fruits (figues, poires, pêches, nectarines, bananes, pommes)
100 g de cassonade ou de vergeoise

LA PÂTE
Réunir tous les ingrédients dans le bol d'un robot. Pétrir tout doucement jusqu'à ce que tout soit bien mélangé, puis augmenter la vitesse et pétrir 5 minutes environ. La pâte doit se détacher du bol et former une masse homogène.
Déposer la boule de pâte sur un plan de travail fariné, puis la détailler en petits morceaux de 80 g environ. Façonner chaque morceau dans vos mains et sur le plan de travail pour l'aplatir légèrement et lui donner une forme ronde.
À l'aide d'un rouleau à pâtisserie, étaler chaque morceau sur le plan de travail fariné de manière à obtenir des petites pizzas d'environ 12 cm de diamètre. Les déposer bien à plat sur une plaque antiadhésive ou recouverte de papier sulfurisé.

LE MONTAGE DES PIZZAS
Sans attendre, piquer les pizzas de quelques coups de fourchette et les recouvrir d'une couche généreuse de pâte à tartiner. Laver et couper les fruits en quartiers et les disposer harmonieusement sur les pizzas.
Laisser lever la pâte à température ambiante pendant 20 minutes environ.

LA CUISSON
Préchauffer le four à 180 °C. Saupoudrer les fruits de cassonade et enfourner les pizzas à mi-hauteur. Laisser cuire pendant 20 minutes, en surveillant la coloration et la cuisson des fruits. Les pizzas doivent être bien dorées.
Servir chaud ou tiède (c'est bien meilleur !), accompagnées d'une glace, de mascarpone ou de crème épaisse.

PRÉPARATION : 35 MINUTES - CUISSON : 10 MINUTES - REPOS : 20 MINUTES - POUR 4 PERSONNES

craquant de spéculoos
AUX POIRES VANILLÉES

6 à 8 poires fermes
2 gousses de vanille
4 cuillères à soupe de miel
350 g de poudre de spéculoos
150 g de beurre
125 g de mascarpone
un peu de vergeoise

MATÉRIEL

4 cercles en inox (10 cm de diamètre environ)

LES CRAQUANTS

Faire fondre le beurre, à feu doux ou au micro-ondes. Le mélanger dans un saladier avec la poudre de spéculoos.
Disposer les cercles en inox sur un plat recouvert de papier sulfurisé pouvant aller au réfrigérateur. Répartir un peu de mélange au fond, en tassant avec le dos d'une cuillère afin d'obtenir une épaisseur uniforme d'environ 5 mm. Mettre au réfrigérateur pour durcir les craquants (20 minutes environ). Répéter l'opération une seconde fois de manière à obtenir 8 craquants.

LES POIRES

Éplucher, épépiner et tailler les poires en petits dés. Les cuire dans une poêle, à feu moyen, avec le miel et les gousses de vanille fendues en deux, jusqu'à quasi complète évaporation du jus de cuisson. Débarrasser et réserver au réfrigérateur jusqu'au moment du service.

LE DRESSAGE

Déposer un craquant au spéculoos sur chaque assiette. À l'aide d'un cercle, garnir de dés de poires et tasser légèrement avec le dos d'une cuillère. Retirer délicatement le cercle, puis déposer dessus un autre craquant. Servir avec une quenelle de mascarpone, saupoudrer de vergeoise et décorer avec les gousses de vanille de la préparation aux poires.

PRÉPARATION : 25 MINUTES - CUISSON : 35 MINUTES - REPOS : 20 MINUTES - POUR 5 À 6 PERSONNES

soufflé pomme-amande-spéculoos

150 g de beurre + 60 g pour
les ramequins ou les cocottes
125 g de sucre glace
100 g de poudre d'amandes
50 g de farine
8 blancs d'œufs
(4 dans un bol et 4 dans un autre bol)
100 g de poudre de spéculoos
200 g de dés de pommes
100 g de sucre + 60 g pour
les ramequins

LA PÂTE

Dans une casserole, faire fondre et légèrement colorer 150 g de beurre pour obtenir un beurre noisette. Laisser refroidir à température ambiante et filtrer si besoin.
Réunir dans un saladier la poudre d'amandes, le sucre glace et la farine. Incorporer petit à petit 4 blancs d'œufs, en mélangeant bien pour éviter les grumeaux.
Enfin, ajouter le beurre noisette refroidi, mélanger de nouveau puis incorporer la poudre de spéculoos et les dés de pommes. Réserver au froid.

LE MONTAGE DES SOUFFLÉS

À l'aide d'un pinceau, badigeonner les ramequins avec les 60 g de beurre mou et les saupoudrer avec les 60 g de sucre. Retourner les ramequins en les tapotant pour retirer l'excédent de sucre et les mettre au réfrigérateur afin de figer le beurre.
Battre en neige les 4 blancs d'œufs restants, puis ajouter les 100 g de sucre, en continuant de battre pour raffermir les blancs. À l'aide d'un fouet, incorporer d'abord à la pâte 1/3 des blancs montés, puis les 2/3 restants, avec une spatule et plus délicatement.

LA CUISSON DES SOUFFLÉS

Préchauffer le four à 180 °C. Répartir la pâte dans les ramequins jusqu'aux rebords, puis lisser à l'aide d'une spatule métallique. Nettoyer les rebords afin que le soufflé monte uniformément à la cuisson. Enfourner pour 30 minutes. Servir aussitôt.

PRÉPARATION : 25 MINUTES - CUISSON : 12 MINUTES - REPOS : 40 MINUTES - POUR 6 PERSONNES (24 TUILES ENVIRON)

tuiles dentelles au spéculoos

NAGE D'AGRUMES

TUILES

110 g de sucre glace
15 g de vergeoise
1 citron
20 g de farine
60 g de poudre de spéculoos
30 g d'amandes effilées
50 g de beurre

NAGE D'AGRUMES

5 oranges
3 pamplemousses roses
1 citron vert
1 cuillère à soupe de miel

LES TUILES

Réunir dans un saladier la farine, le sucre glace et la poudre de spéculoos. Mélanger au fouet avec le jus de citron puis le beurre fondu. Débarrasser et laisser reposer au réfrigérateur 30 minutes environ.

LA NAGE D'AGRUMES

À l'aide d'un petit couteau, peler les oranges, les pamplemousses et le citron à vif. Passer la lame entre chaque membrane afin d'extraire soigneusement les suprêmes (la chair des agrumes). Mettre de côté et réserver le jus à part.
Filtrer le jus et y mélanger le miel. Répartir les suprêmes d'agrumes dans des verrines ou dans des petits bols et les arroser de leur jus. Réserver au réfrigérateur jusqu'au moment de servir.

LA CUISSON DES TUILES

Préchauffer le four à 200 °C. À l'aide d'une petite cuillère, prélever de petites noisettes de pâte et les disposer, bien espacées, sur une plaque antiadhésive ou une toile siliconée. Étaler finement les noisettes de pâte en leur donnant une forme ronde et saupoudrer de quelques amandes effilées. Enfourner pour 6 à 7 minutes environ.
À la sortie du four, laisser tiédir les tuiles quelques instants sur la plaque avant de les décoller délicatement à la spatule et de les façonner, en les positionnant « à cheval » sur un rouleau à pâtisserie.
Servir les nages d'agrumes bien fraîches, accompagnées des tuiles aux spéculoos.

PRÉPARATION : 15 MINUTES - CUISSON : 25 MINUTES - POUR 6 PERSONNES

pommes au four
MASCARPONE ET SPÉCULOOS

6 belles pommes
110 g de mascarpone
25 g de pâte à tartiner au spéculoos
(voir page 6)
2 cuillères à soupe de miel
60 g de poudre de spéculoos
25 g de beurre
2 à 3 gousses de vanille

Couper chaque pomme aux trois quarts pour faire un chapeau, évider le cœur à l'aide d'une cuillère à boule parisienne ou d'une petite cuillère. Piquer les pommes de quelques coups de couteau. Préchauffer le four à 200 °C.
Mélanger le mascarpone, la pâte et la poudre de spéculoos et remplir le cœur des pommes. Couper les gousses de vanille en deux ou trois, dans leur longueur.
Remettre les chapeaux sur les pommes, percer le centre d'un bâtonnet de vanille et disposer les pommes dans un plat à rebord.
Arroser de miel, déposer une noisette de beurre sur chaque pomme et cuire pendant 20 à 25 minutes environ. Servir tiède et arroser du jus de cuisson.

PRÉPARATION : 5 MINUTES - POUR 4 À 6 PERSONNES

milk-shake banane et spéculoos

300 g de bananes épluchées
70 g de spéculoos (ou de pâte à tartiner au spéculoos, mais dans ce cas diminuer ou supprimer la cassonade)
2 boules de glace vanille
25 g de cassonade
40 cl de lait
glace pilée (facultatif)

Couper les bananes en rondelles dans le bol du mixeur ou du blender. Ajouter la glace, la cassonade, les spéculoos et le lait. Bien mixer afin d'obtenir un milk-shake bien lisse. Servir bien frais ou, encore mieux, sur de la glace pilée.

ASTUCES

Vous pouvez décliner ce milk-shake selon votre goût en remplaçant la glace vanille par un autre parfum et/ou ajouter un trait de rhum et/ou rajouter un peu de cannelle ou de gingembre en poudre. Vous pouvez aussi remplacer le lait par du lait de coco.

2 CUPS
16 OZ
1 PINT
12
1 CUP
8
4

PRÉPARATION : 15 MINUTES - REPOS : 2 HEURES - POUR 4 À 6 PERSONNES

mousse au spéculoos

20 cl de crème liquide entière
3 blancs d'œufs
1 cuillère à café de sucre en poudre
60 g de spéculoos
50 g de pâte à tartiner au spéculoos
(voir page 6)

Faire ramollir la pâte à tartiner quelques secondes au micro-ondes dans un bol avec quelques gouttes d'eau. Mettre de côté.
Fouetter la crème liquide bien froide en chantilly. Incorporer les spéculoos grossièrement émiettés et réserver au froid.
Monter les blancs en neige au batteur électrique, ajouter le sucre et battre de nouveau pour raffermir les blancs. Verser la pâte à tartiner sans cesser de battre, mais à vitesse réduite, juste le temps de l'incorporer à la préparation.
À l'aide d'une spatule, incorporer délicatement les blancs à la crème fouettée.
Couler la préparation dans le plat de service, dans des ramequins individuels ou encore dans des verrines. Mettre au réfrigérateur 2 heures au moins.

PRÉPARATION : 20 MINUTES - CUISSON : 15 MINUTES - REPOS : 20 MINUTES - POUR 12 À 15 PANCAKES

pancakes goût spéculoos

240 g de farine
2 pincées de sel
2 cuillères à soupe de vergeoise
4 pincées de mélange d'épices (voir page 4)
4 œufs
40 g de beurre
40 cl de lait

LA PÂTE

Séparer les blancs des jaunes d'œufs. Faire fondre le beurre dans une casserole puis, hors du feu, ajouter le lait.
Dans un saladier, mélanger la farine, le sel, la vergeoise et les épices, puis faire un puits. Ajouter les jaunes d'œufs, puis mélanger au fouet progressivement avec la farine (en la faisant tomber dans le puits). Incorporer petit à petit le lait et le beurre fondu. Fouetter énergiquement pour éviter les grumeaux.
Battre les blancs en neige (pas trop fermes) et les incorporer délicatement à la pâte à l'aide d'une spatule. Réserver la pâte au réfrigérateur environ 20 minutes.

LA CUISSON

Chauffer à feu moyen une ou plusieurs petites poêles antiadhésives et les graisser légèrement à l'aide de papier absorbant. Verser de petites louches de pâte et cuire les pancakes 1 minute de chaque côté.
Servir les pancakes sans attendre et accompagner de pâte à tartiner légèrement fondue, de chantilly ou de sirop d'érable...

PRÉPARATION : 25 MINUTES - CUISSON : 5MINUTES - REPOS : 2 HEURES 30 MINUTES - POUR 20 À 25 PIÈCES

truffes au chocolat blanc
ET SPÉCULOOS

10 cl de crème fraîche liquide
80 g de chocolat blanc
60 g de beurre doux
160 g de pâte à tartiner au spéculoos (voir page 6)
2 cl de liqueur d'orange
80 g de poudre de spéculoos

LA GANACHE

Casser le chocolat et couper le beurre en morceaux. Dans une casserole, chauffer la crème à feu moyen jusqu'aux premiers bouillons et y dissoudre la pâte de spéculoos. Hors du feu, ajouter le chocolat et le beurre. Bien mélanger afin de lisser la ganache, puis verser l'alcool d'orange. Mettre la ganache dans un récipient puis au réfrigérateur (au moins 2 heures) pour qu'elle durcisse.

LES TRUFFES

Verser la poudre de spéculoos dans un plat à rebord. À l'aide d'une petite cuillère, extraire des petites boules de ganache et les rouler délicatement dans la poudre de spéculoos.
Les ranger soigneusement, sur un plat ou dans une boîte en plastique, et les remettre au réfrigérateur 30 minutes au moins avant de les déguster.

remerciements

Un grand merci....
à ma famille... qui m'encourage et me soutient depuis toujours !
à Olivier et Reward, pour leur présence qui m'enrichit de jour en jour.
à Akiko, qu'on ne présente plus... Bravo pour toutes ces belles images !
à Valentin, pour sa disponibilité et son aide à l'élaboration des recettes !
à Lene, pour son écoute, ses conseils et son bon goût.
à Françoise et Denis, d'avoir fouillé leurs placards pour dénicher les petits « plus »
qui ont répondu à l'authenticité de cet ouvrage !
à toute l'équipe, clients et amis du Café Noir pour leur soutien et leur gentillesse.
et bien sur à toute l'équipe de Marabout pour leur confiance et leurs belles réalisations.

www.cafenoirparis.com
15 rue Saint Blaise 75020 PARIS

Si vous ne souhaitez pas faire vos spéculoos maison, vous pouvez bien sûr réaliser les recettes avec des spéculoos Lotus®.

shopping

Lanzani, 19 rue Basfroi 75011 Paris, 01 43 79 00 74
Defrise, 23 rue Basfroi 75011 Paris, 01 43 79 78 29
Le Conran Shop 117 rue du Bac 75007 Paris 01 42 84 10 01
Kimonoya 11 rue du pont louis Philippe 75004 Paris 01 48 87 30 24
Guy Degrenne chez BHV Rivoli 75004 Paris 01 42 74 90 00

Relecture : Sophie Schang
Création des moules à spéculoos Saint-Nicolas : Arts et Sculpture créations personnalisées, www.arts-et-sculpture.fr
Shopping : Lene Knudsen

Dépôt légal : janvier 2012
ISBN : 978-2-501-07614-2
4103602
Imprimé en Espagne par Graphicas Estella